Attachement anxieux et évitant chez les adolescents

Apprenez à reconnaître, comprendre et soutenir les luttes d'attachement des adolescents pour un rétablissement durable, des relations plus saines et un meilleur bien-être mental.

Isaiah Air

Table des matières

Introduction

La théorie de l'attachement, lancée par John Bowlby au milieu du XXe siècle, a révolutionné notre compréhension des relations humaines, en particulier aux étapes cruciales du développement de l'enfance et de l'adolescence. À la base, la théorie de l'attachement explore les liens formés entre les nourrissons et leurs soignants et la manière dont ces premières relations façonnent le développement socio-émotionnel des individus tout au long de leur vie. Cette section d'introduction approfondira les principes fondamentaux de la théorie de l'attachement, les différents styles d'attachement, l'importance de l'attachement à l'adolescence et le but de ce livre en abordant les luttes d'attachement chez les adolescents.

Comprendre la théorie de l'attachement

La théorie de l'attachement postule que la qualité des relations précoces, principalement entre les nourrissons et leurs principaux soignants, jette les bases du développement émotionnel et social des individus. Selon Bowlby, le système comportemental d'attachement est biologiquement enraciné et répond à l'objectif évolutif d'assurer la survie et la protection. La théorie met l'accent sur l'importance du comportement de recherche de proximité, d'une base sécurisée et de la réactivité du soignant pour favoriser un sentiment de sécurité chez l'enfant.

Présentation des styles de pièces jointes

Les styles d'attachement, tels qu'identifiés par Mary Ainsworth à travers ses recherches fondamentales sur le paradigme de la « situation étrange », englobent quatre catégories principales : l'attachement sécurisé, l'attachement anxieux (également connu sous le nom d'attachement ambivalent), l'attachement évitant et l'attachement désorganisé.

- ☐ **Pièce jointe sécurisée :** Les enfants ayant un attachement sécurisant ont des soignants qui répondent constamment à leurs besoins, ce qui leur confère un sentiment de sécurité et de confiance. Ils sont à l'aise pour explorer leur environnement, sachant que leur soignant sera là en cas de besoin.

- ☐ **Attachement anxieux :** Les enfants présentant un attachement anxieux ont souvent des soignants qui ne réagissent pas toujours de manière cohérente, ce qui entraîne de l'anxiété et une préoccupation quant à leur disponibilité. Ils peuvent s'accrocher à l'aidant et manifester de la

détresse lorsqu'ils sont séparés, mais avoir du mal
à être apaisés lors des retrouvailles.

☐ **Attachement évitant :** Les enfants présentant un
attachement évitant ont des soignants
émotionnellement distants ou insensibles, ce qui
les amène à développer des stratégies pour
s'apaiser et minimiser leur besoin de proximité.
Ils peuvent paraître indépendants et éviter de
chercher du réconfort auprès de leur soignant.

☐ **Attachement désorganisé :** Ce style découle
d'une prestation de soins incohérente ou abusive,
conduisant à des comportements contradictoires
tels que rechercher et éviter la proximité avec
l'aidant. Les enfants ayant un attachement
désorganisé peuvent présenter des réactions
confuses ou craintives.

Importance de l'attachement chez les adolescents

À l'adolescence, la dynamique de l'attachement subit
des changements importants à mesure que les
adolescents aspirent à l'autonomie et nouent de
nouvelles relations en dehors de la cellule familiale.
Cependant, la qualité de l'attachement continue de jouer
un rôle central dans le développement du bien-être

émotionnel, de l'estime de soi et des interactions sociales des adolescents. L'attachement sécurisé constitue la base de relations saines, d'une régulation efficace des émotions et d'une résilience face aux facteurs de stress. À l'inverse, les styles d'attachement insécurisés peuvent contribuer à toute une série de problèmes psychologiques et comportementaux, notamment l'anxiété, la dépression et les difficultés à établir des liens intimes.

Objectif du livre

Le but de ce livre est de faire la lumière sur les luttes d'attachement spécifiquement vécues par les adolescents et de fournir des idées, des stratégies et un soutien aux parents, aux soignants, aux éducateurs, aux professionnels de la santé mentale et aux adolescents eux-mêmes. En offrant une compréhension complète de la théorie de l'attachement et de son application dans le développement de l'adolescent, ce livre vise à doter les lecteurs des connaissances et des outils nécessaires pour reconnaître, aborder et surmonter les défis liés à l'attachement. Grâce à des conseils pratiques, des exemples concrets et des interventions fondées sur des données probantes, les lecteurs apprendront comment favoriser des relations d'attachement sécurisées, promouvoir le bien-être mental des adolescents et cultiver des relations plus saines et plus épanouissantes qui durent au-delà de l'adolescence.

Chapitre 1

Un aperçu de la théorie de l'attachement

La théorie de l'attachement, pierre angulaire de la psychologie du développement, fournit des informations précieuses sur la formation et la dynamique des relations humaines, de la petite enfance à l'âge adulte. Dans ce chapitre, nous approfondirons les origines et le développement de la théorie de l'attachement, explorerons les quatre styles d'attachement et examinerons leur profond impact sur la vie des adolescents.

Origines et développement de la théorie de l'attachement

Les racines de la théorie de l'attachement remontent aux travaux pionniers du psychologue britannique John Bowlby dans les années 1950. Bowlby, s'appuyant sur l'éthologie, la psychanalyse et la psychologie du développement, a proposé que les relations précoces entre les nourrissons et leurs soignants jouent un rôle essentiel dans le développement socio-émotionnel de l'enfant. Il a soutenu que ces attachements précoces sont enracinés dans des principes évolutifs et remplissent la fonction adaptative consistant à assurer la survie et la protection du nourrisson.

Les idées initiales de Bowlby ont été affinées grâce aux recherches révolutionnaires de Mary Ainsworth. L'expérience « Strange Situation » d'Ainsworth a fourni des preuves empiriques de l'existence de modèles d'attachement distincts et a jeté les bases de notre compréhension du système d'attachement. Grâce à une observation attentive des réactions des nourrissons aux séparations et aux retrouvailles avec leurs soignants, Ainsworth a identifié trois styles d'attachement principaux : sécurisant, anxieux-ambivalent et évitant.

Au fil du temps, les chercheurs ont élargi les travaux d'Ainsworth, reconnaissant la nécessité d'un quatrième style d'attachement : l'attachement désorganisé. Ce style, caractérisé par des comportements contradictoires et des traumatismes non résolus, met en évidence la complexité de la dynamique de l'attachement et l'importance de considérer le rôle de l'aidant dans la formation des expériences d'attachement de l'enfant.

Les quatre styles d'attachement

☐ **Pièce jointe sécurisée :** Les enfants ayant un attachement sécurisé ont des soignants qui répondent constamment à leurs besoins, leur apportant réconfort et réconfort. Ces enfants utilisent leur tuteur comme une base sûre à partir de laquelle explorer le monde, sachant qu'ils peuvent rechercher du réconfort et du soutien en cas de besoin. Dans l'expérience « Situation étrange », des nourrissons solidement attachés peuvent montrer une légère détresse lors de la séparation de leur soignant, mais sont facilement apaisés lors des retrouvailles. L'attachement sécurisé jette les bases d'un développement émotionnel sain, de la résilience et de relations satisfaisantes tout au long de la vie.

☐ **Attachement anxieux :** L'attachement anxieux, également connu sous le nom d'attachement ambivalent, survient lorsque les soignants ne répondent pas de manière cohérente aux besoins de l'enfant, entraînant des sentiments d'incertitude et d'insécurité. Les enfants présentant un attachement anxieux peuvent s'accrocher anxieusement à leur tuteur, craignant d'être abandonnés, mais ils peuvent également faire preuve de résistance et de colère. Dans l'expérience « Situation étrange », ces enfants peuvent hésiter à explorer leur environnement et montrer une détresse intense lors de la séparation, mais rester ambivalents ou résistants au retour de la personne qui s'en occupe. À l'adolescence, les personnes souffrant d'attachement anxieux peuvent souffrir d'une faible estime de soi, d'une volatilité émotionnelle et de difficultés à faire confiance aux autres.

☐ **Attachement évitant :** L'attachement évitant se développe lorsque les soignants sont émotionnellement distants ou insensibles, ce qui amène les enfants à supprimer leurs besoins d'attachement et à développer des stratégies d'auto-apaisement. Les enfants ayant un attachement évitant peuvent paraître indépendants et autonomes, minimisant ainsi leur besoin de proximité avec leur soignant. Dans l'expérience « Situation étrange », ils peuvent montrer peu de détresse lors de la séparation et éviter de chercher du réconfort lors des retrouvailles. À l'adolescence, ce style d'attachement peut se manifester par une peur de la dépendance, un détachement émotionnel et une tendance à réprimer les émotions dans les relations.

☐ **Attachement désorganisé :** L'attachement désorganisé résulte d'une prestation de soins incohérente ou abusive, conduisant les enfants à développer des comportements contradictoires tels que rechercher et éviter la proximité du soignant. Les enfants ayant un attachement désorganisé peuvent faire preuve de confusion, de peur ou de désorientation dans leurs interactions. Dans l'expérience « Situation étrange », ils peuvent afficher des comportements désorganisés ou erratiques, comme se figer ou s'approcher du soignant avec appréhension. L'attachement désorganisé est souvent associé à des traumatismes non résolus ou à des perturbations dans la prestation de soins et peut avoir de profondes implications sur la régulation émotionnelle, les relations sociales et la santé mentale des adolescents.

Impact des styles d'attachement sur les adolescents

Les styles d'attachement formés dans la petite enfance continuent d'influencer les pensées, les sentiments et les comportements des individus tout au long de l'adolescence et au-delà. L'adolescence est une période de croissance et de changement important, marquée par le passage de l'enfance à l'âge adulte et l'émergence de nouveaux rôles et responsabilités sociales. Pendant cette période, la qualité des expériences d'attachement peut avoir un impact profond sur le bien-être émotionnel, les interactions sociales et le développement global des adolescents.

Les adolescents ayant un attachement sécurisant ont tendance à avoir des niveaux plus élevés d'estime de soi, de meilleures compétences sociales et des relations plus satisfaisantes avec leurs pairs et leurs partenaires amoureux. Ils sont également plus résilients face au stress et à l'adversité, capables de rechercher efficacement le soutien des autres. Les adolescents solidement attachés ont confiance en eux et en leurs relations, ce qui leur permet de relever les défis de l'adolescence avec plus de facilité et de confiance.

À l'inverse, les adolescents ayant des styles d'attachement insécurisants peuvent être confrontés à toute une série de défis qui peuvent nuire à leur développement et à leur bien-être. Les personnes souffrant d'attachement anxieux peuvent être confrontées au doute d'elles-mêmes, à l'attachement et à la peur du rejet, ce qui entraîne des difficultés à nouer des relations saines et à s'affirmer dans des situations sociales. Les adolescents avec un attachement évitant peuvent avoir des difficultés à exprimer leurs émotions, à maintenir des liens étroits et à compter sur le soutien des autres, ce qui peut conduire à des sentiments de solitude et d'isolement.

L'attachement désorganisé à l'adolescence peut se manifester par une dérégulation émotionnelle, de l'impulsivité et des difficultés à faire confiance aux autres. Les adolescents ayant un attachement désorganisé peuvent avoir du mal à réguler leurs émotions et leur comportement, ce qui entraîne des conflits relationnels et des défis dans les milieux académiques et sociaux. Ils peuvent également être plus à risque de souffrir de problèmes de santé mentale tels que la dépression, l'anxiété et le trouble de stress post-traumatique, surtout si les perturbations de leur attachement proviennent d'un traumatisme ou d'un abus passé.

L'impact des styles d'attachement sur les adolescents s'étend au-delà du bien-être individuel pour influencer des dynamiques sociales plus larges, notamment les relations avec les pairs, la réussite scolaire et les résultats de la vie future. Les adolescents qui se sentent en sécurité et soutenus dans leurs relations sont mieux équipés pour affronter les complexités de l'adolescence et en ressortent avec un fort sentiment d'autonomie et des stratégies d'adaptation saines. À l'inverse, ceux qui souffrent d'un attachement insécurisant peuvent éprouver des sentiments persistants de solitude, d'anxiété et de faible estime de soi, ce qui peut avoir des conséquences à long terme sur leur santé mentale et leurs relations futures.

Chapitre 2

Reconnaître l'attachement anxieux et évitant chez les adolescents

Comprendre et reconnaître l'attachement anxieux et évitant chez les adolescents est crucial pour fournir un soutien et une intervention appropriés. Ces styles d'attachement peuvent profondément influencer le comportement, les émotions et les relations des adolescents.

Signes et symptômes de l'attachement anxieux

Les adolescents souffrant d'attachement anxieux présentent souvent une gamme de comportements et de réponses émotionnelles qui reflètent leur peur sous-jacente de l'abandon et de l'insécurité dans leurs relations. Ils peuvent faire preuve d'une dépendance excessive à l'égard des autres, cherchant constamment à être rassurés et validés par leurs pairs ou leurs partenaires amoureux. Cette dépendance excessive peut provenir d'une peur profondément ancrée du rejet et de l'abandon, conduisant à un sentiment d'attachement et à une réticence à être seul.

L'intensité émotionnelle est une autre caractéristique de l'attachement anxieux chez les adolescents. Ils peuvent éprouver des sautes d'humeur fréquentes, une jalousie intense et la peur de perdre leurs relations, qui peuvent dominer leurs pensées et leurs comportements. Même des désaccords mineurs ou des signes perçus de désintérêt de la part de leurs pairs ou partenaires peuvent déclencher des sentiments d'anxiété et de détresse.

Les adolescents souffrant d'attachement anxieux peuvent également avoir du mal à faire pleinement confiance aux autres. Ils peuvent avoir du mal à croire qu'ils sont dignes d'amour et craindre que d'autres finissent par les quitter. Cette peur du rejet peut conduire à une hypersensibilité à tout signe de désintérêt ou de distance dans les relations, exacerbant encore leur anxiété.

De plus, les adolescents anxieux peuvent devenir préoccupés par leurs relations, passer trop de temps à analyser les interactions et à chercher à se rassurer auprès des autres. Cette préoccupation peut interférer avec d'autres aspects de leur vie, comme les devoirs ou les loisirs, car ils accordent avant tout la priorité au maintien de leurs relations.

Dans l'ensemble, les signes et symptômes de l'attachement anxieux chez les adolescents comprennent la volatilité émotionnelle, la dépendance excessive à l'égard des autres, la peur du rejet, la difficulté à faire confiance et la préoccupation relationnelle. Ces adolescents peuvent éprouver une détresse importante et des difficultés dans leur fonctionnement quotidien si leurs besoins d'attachement ne sont pas correctement satisfaits.

Signes et symptômes de l'attachement évitant

Contrairement à l'attachement anxieux, l'attachement évitant chez les adolescents se caractérise par une distance émotionnelle, une autonomie et une réticence à dépendre des autres pour le soutien ou le réconfort. Certains signes et symptômes courants de l'attachement évitant chez les adolescents comprennent le détachement émotionnel, la difficulté à exprimer ses émotions et une préférence pour la solitude.

Les adolescents attachés de manière évitante peuvent paraître émotionnellement distants ou distants dans leurs relations, préférant cacher leurs sentiments et leurs vulnérabilités aux autres. Ils peuvent minimiser l'importance des relations ou rejeter le besoin d'intimité émotionnelle, considérant la dépendance à l'égard des autres comme un signe de faiblesse. En conséquence, ils peuvent avoir du mal à exprimer leurs émotions ouvertement ou authentiquement, minimisant ou supprimant souvent leurs sentiments pour éviter la vulnérabilité ou le rejet.

Ces adolescents peuvent rechercher activement la solitude et l'indépendance, choisissant de passer du temps seuls plutôt que de s'engager dans des activités sociales ou de rechercher le soutien des autres. Ils peuvent avoir un réseau social limité et préférer les activités solitaires qui leur permettent de garder le contrôle sur leur environnement et leurs émotions.

Les adolescents qui ont un attachement évitant peuvent également avoir une peur profonde de l'intimité et de la vulnérabilité dans les relations, considérant la proximité avec les autres comme une menace pour leur autonomie et leur image de soi. En conséquence, ils peuvent éviter d'approfondir leurs liens émotionnels ou de nouer des engagements à long terme, craignant de perdre leur indépendance ou d'être blessés par d'autres.

De plus, les adolescents ayant un attachement évitant peuvent donner la priorité à leurs propres besoins et à leur indépendance avant ceux des autres, ce qui les amène à être dédaigneux ou indifférents aux besoins et aux sentiments de leurs pairs ou de leurs partenaires amoureux. Ils peuvent avoir du mal à faire preuve d'empathie envers les autres ou à fournir un soutien émotionnel en cas de besoin, en maintenant une distance émotionnelle comme moyen de se protéger.

Dans l'ensemble, les signes et symptômes de l'attachement évitant chez les adolescents comprennent le détachement émotionnel, la difficulté à exprimer ses émotions, la préférence pour la solitude, la peur de l'intimité et le mépris des besoins des autres. Ces adolescents peuvent sembler autonomes en surface, mais peuvent être aux prises avec des sentiments de solitude, d'isolement et un manque d'épanouissement émotionnel dans leurs relations.

Comportements et modèles courants chez les adolescents présentant des styles d'attachement anxieux et évitants

Bien que les styles d'attachement anxieux et évitants se manifestent différemment chez les adolescents, certains comportements et modèles courants peuvent être observés chez les adolescents ayant ces orientations d'attachement.

Les adolescents anxieux et évitants peuvent éviter les conflits ou les confrontations dans leurs relations, bien que pour des raisons différentes. Les adolescents anxieux peuvent craindre d'être rejetés ou abandonnés s'ils expriment leurs besoins ou s'affirment, tandis que les adolescents évitants peuvent chercher à maintenir une distance émotionnelle et à éviter l'intimité en évitant complètement les conflits.

Les relations avec des adolescents anxieux et évitants peuvent être caractérisées par des schémas imprévisibles de proximité et de distance. Les adolescents anxieux peuvent osciller entre un attachement intense et un retrait émotionnel, tandis que les adolescents évitants peuvent alterner entre des périodes de détachement émotionnel et de brefs moments d'intimité.

Les adolescents anxieux et évitants peuvent avoir du mal à réguler efficacement leurs émotions, bien que de différentes manières. Les adolescents anxieux peuvent connaître des hauts et des bas émotionnels intenses, avec des difficultés à contrôler leurs réactions face aux menaces ou au rejet perçus. Les adolescents évitants peuvent réprimer ou nier leurs émotions, conduisant à un sentiment d'engourdissement émotionnel ou de détachement.

Malgré leurs différences, les adolescents anxieux et évitants peuvent s'appuyer fortement sur la validation et l'approbation externes pour renforcer leur estime de soi et leur estime de soi. Les adolescents anxieux peuvent chercher constamment à être rassurés et validés par les autres pour atténuer leurs craintes de rejet, tandis que les adolescents évitants peuvent tirer leur estime de soi du maintien d'une façade d'indépendance et d'autosuffisance.

Les adolescents anxieux et évitants peuvent avoir du mal à établir et à maintenir des limites saines dans leurs relations. Les adolescents anxieux peuvent avoir des difficultés à s'affirmer ou à exprimer leurs besoins, craignant d'être rejetés ou abandonnés s'ils établissent des limites. Les adolescents évitants peuvent résister à l'intimité ou repousser les autres s'ils perçoivent leurs limites comme menacées.

<h1 style="text-align:center">chapitre 3</h1>

<h1 style="text-align:center">Comprendre les causes des luttes d'attachement chez les adolescents</h1>

Les difficultés d'attachement chez les adolescents peuvent être attribuées à divers facteurs, notamment leurs expériences dans la petite enfance, leurs styles parentaux, les traumatismes et d'autres influences environnementales. Reconnaître et comprendre ces causes est essentiel pour fournir un soutien et une intervention efficaces afin d'aider les adolescents à surmonter leurs défis d'attachement et à cultiver des relations plus saines.

Expériences de la petite enfance et formation de l'attachement

Les expériences de la petite enfance jouent un rôle central dans la formation des modèles d'attachement qui persistent à l'adolescence et à l'âge adulte. Pendant la petite enfance, les nourrissons comptent sur leurs soignants pour répondre à leurs besoins fondamentaux de sécurité, de confort et de régulation émotionnelle. Lorsque les soignants répondent systématiquement aux signaux de leurs nourrissons avec sensibilité et chaleur, les nourrissons développent un style d'attachement sécurisé caractérisé par la confiance, la résilience émotionnelle et la capacité de nouer des relations saines.

À l'inverse, une prestation de soins incohérente ou négligente peut conduire à des modèles d'attachement insécurisant, tels qu'un attachement anxieux ou évitant. Les nourrissons dont les soignants réagissent de manière incohérente peuvent développer un attachement anxieux, marqué par une préoccupation quant à la disponibilité de leur soignant et une peur de l'abandon. De même, les nourrissons dont les soignants sont émotionnellement distants ou insensibles peuvent développer un attachement évitant, apprenant à supprimer leurs besoins d'attachement et à s'appuyer sur des stratégies d'auto-apaisement.

Ces modèles d'attachement précoces sont établis par des interactions répétées entre les nourrissons et les soignants et sont influencés par divers facteurs, notamment la qualité des soins prodigués, les propres antécédents d'attachement du soignant et le tempérament du nourrisson. Les nourrissons qui subissent un traumatisme ou une perturbation dans leurs premières relations d'attachement peuvent développer un attachement désorganisé, caractérisé par des comportements contradictoires et un manque de stratégies d'attachement cohérentes.

Influence des styles parentaux

Les styles parentaux ont un impact significatif sur le développement de l'attachement chez les adolescents. Diana Baumrind a identifié quatre styles parentaux principaux : autoritaire, autoritaire, permissif et négligent. Chaque style est associé à différents modèles d'attachement et peut affecter le bien-être émotionnel et la dynamique relationnelle des adolescents.

Les parents faisant autorité sont réactifs et attentionnés tout en fixant des limites claires et cohérentes. Ils fournissent un soutien émotionnel et des conseils, encourageant l'indépendance et l'autonomie de leurs adolescents. Les adolescents élevés par des parents faisant autorité sont plus susceptibles de développer des modèles d'attachement sécurisants, caractérisés par la confiance, la confiance en soi et des compétences de communication efficaces.

Les parents autoritaires sont stricts et exigeants, mettant l'accent sur l'obéissance et la discipline plutôt que sur la chaleur et l'empathie. Ils peuvent recourir à la punition et au contrôle pour faire respecter les règles, ce qui suscite des sentiments de peur et de ressentiment chez leurs adolescents. Les adolescents élevés par des parents autoritaires peuvent développer des schémas d'attachement anxieux ou évitants, aux prises avec une faible estime de soi et des difficultés à exprimer leurs émotions.

Les parents permissifs sont indulgents et indulgents, évitant souvent la confrontation et permettant à leurs adolescents de prendre leurs propres décisions sans directives ni conséquences claires. Même si une parentalité permissive peut favoriser l'indépendance et la créativité, elle peut également conduire à des conflits d'attachement, car les adolescents peuvent se sentir en insécurité ou dépassés par le manque de structure et de soutien.

Les parents négligents sont émotionnellement distants et peu impliqués dans la vie de leurs adolescents, ne parvenant pas à répondre à leurs besoins fondamentaux en matière de soins et de soutien. Les adolescents élevés dans des environnements négligents peuvent développer des schémas d'attachement désorganisés, éprouvant de la confusion et de l'instabilité dans leurs relations en raison d'un manque de soins cohérents.

Outre les styles parentaux, la qualité des relations parent-enfant, les modes de communication et la santé mentale des parents peuvent également avoir un impact sur la formation de l'attachement chez les adolescents. Les relations positives parent-enfant caractérisées par la chaleur, l'empathie et la communication ouverte sont associées à un attachement sécurisé, tandis que les relations négatives ou conflictuelles peuvent contribuer aux luttes d'attachement.

Traumatismes et perturbations de l'attachement

Les expériences traumatisantes, telles que la maltraitance, la négligence ou la perte, peuvent profondément affecter la formation de l'attachement chez les adolescents. Le traumatisme perturbe le développement normal du système d'attachement, conduisant à des modèles d'attachement insécurisés ou désorganisés et à des déficiences dans la régulation émotionnelle et les relations interpersonnelles.

Les adolescents qui ont subi un traumatisme peuvent présenter toute une série de symptômes liés à l'attachement, notamment l'hypervigilance, la dérégulation émotionnelle et la difficulté à faire confiance aux autres. Ils peuvent avoir du mal à nouer des relations étroites ou à maintenir des limites saines, craignant la vulnérabilité et l'intimité en raison d'expériences passées de trahison ou de préjudice.

De plus, le traumatisme peut avoir un impact sur la capacité de l'aidant à prodiguer des soins sensibles et réactifs, exacerbant encore les luttes d'attachement chez les adolescents. Les soignants eux-mêmes traumatisés ou dépassés par leurs propres expériences peuvent avoir des difficultés à répondre aux besoins émotionnels de leurs adolescents, ce qui entraîne des ruptures d'attachement et exacerbe les effets du traumatisme.

Autres facteurs contribuant aux luttes d'attachement chez les adolescents

Outre les expériences de la petite enfance, les styles parentaux et les traumatismes, plusieurs autres facteurs peuvent contribuer aux difficultés d'attachement chez les adolescents.

Les dynamiques familiales, telles que les conflits, les divorces ou d'autres perturbations, peuvent avoir un impact sur les relations d'attachement et sur le sentiment de sécurité et de stabilité des adolescents. Des niveaux élevés de conflits familiaux ou des pratiques parentales incohérentes peuvent contribuer aux luttes d'attachement, en particulier chez les adolescents qui sont déjà vulnérables en raison d'autres facteurs.

Les relations avec les pairs jouent un rôle crucial dans le développement social et émotionnel des adolescents et peuvent influencer leurs schémas d'attachement. Les adolescents qui subissent le rejet ou l'intimidation de la part de leurs pairs peuvent développer des schémas d'attachement anxieux ou évitants, aux prises avec des sentiments de solitude, d'isolement et une faible estime de soi.

Les normes culturelles et les attentes sociétales peuvent façonner les perceptions des adolescents en matière d'attachement et influencer leurs comportements d'attachement. Par exemple, dans les cultures qui privilégient l'indépendance et l'autonomie, les adolescents peuvent être encouragés à supprimer leurs besoins d'attachement et à donner la priorité à la réussite individuelle plutôt qu'aux relations interpersonnelles.

Les troubles de santé mentale, tels que la dépression, l'anxiété ou le trouble de stress post-traumatique, peuvent avoir un impact sur la formation de l'attachement et les relations interpersonnelles chez les adolescents. Les adolescents souffrant de problèmes de santé mentale peuvent avoir du mal à réguler leurs émotions, à communiquer efficacement et àformer des attachements sécurisés avec les autres.

Chapitre 4

Effets des luttes d'attachement sur le bien-être mental des adolescents

Les luttes d'attachement à l'adolescence peuvent avoir un impact profond sur divers aspects du bien-être mental des adolescents, influençant leur régulation émotionnelle, leur estime de soi, leurs relations, leurs résultats scolaires et leur fonctionnement social.

Les défis de la régulation émotionnelle

Les adolescents aux prises avec des difficultés d'attachement sont souvent confrontés à des obstacles importants pour réguler efficacement leurs émotions. Les personnes souffrant d'attachement anxieux peuvent se retrouver submergées par des émotions intenses, connaissant des niveaux accrus d'anxiété, de peur et d'insécurité. Ces émotions peuvent être déclenchées par des menaces perçues dans leurs relations ou par des craintes d'abandon, entraînant de fréquentes sautes d'humeur, des explosions émotionnelles et des difficultés à gérer les facteurs de stress.

À l'inverse, les adolescents ayant un attachement évitant peuvent lutter contre l'engourdissement émotionnel ou le détachement comme mécanisme défensif pour se protéger d'un éventuel rejet ou d'une blessure. Ils peuvent réprimer leurs émotions, enterrant ainsi leurs sentiments de vulnérabilité ou de tristesse, ce qui peut entraîner un sentiment de vide émotionnel et une déconnexion des autres. Au fil du temps, ces mécanismes d'adaptation peuvent entraver leur capacité à nouer des relations profondes et significatives et contribuer à un sentiment d'isolement.

De plus, les adolescents ayant un attachement désorganisé peuvent connaître des fluctuations extrêmes de leur état émotionnel, oscillant entre des réactions émotionnelles intenses et un arrêt émotionnel. Cette incohérence dans la régulation émotionnelle peut conduire à la confusion, à l'impulsivité et à des difficultés à maintenir des relations stables, car ils peuvent avoir du mal à comprendre et à exprimer leurs émotions de manière cohérente.

Essentiellement, les difficultés d'attachement peuvent perturber la capacité des adolescents à réguler efficacement leurs émotions, ce qui a un impact sur leur bien-être mental et leurs relations interpersonnelles.

Problèmes de faible estime de soi et d'estime de soi

Les difficultés d'attachement peuvent influencer considérablement l'estime de soi et l'estime de soi des adolescents, contribuant ainsi à des sentiments d'inadéquation, d'insécurité et de doute de soi. Les adolescents qui ont reçu des soins incohérents ou négligents peuvent intérioriser des croyances négatives à leur sujet, entraînant une diminution de leur estime de soi et un sentiment omniprésent d'indignité.

Les adolescents souffrant d'attachement anxieux peuvent rechercher une validation et une approbation externes pour renforcer leur estime de soi, en s'appuyant sur le réconfort des autres pour atténuer leurs craintes de rejet ou d'abandon. Cependant, cette dépendance peut être fragile et éphémère, les rendant vulnérables aux fluctuations de leur estime de soi en fonction de l'opinion des autres à leur sujet.

De même, les adolescents ayant un attachement évitant peuvent développer un sentiment défensif d'autonomie et d'indépendance comme moyen de se protéger d'un éventuel rejet ou d'une blessure. Cependant, cette façade d'autosuffisance peut masquer des sentiments sous-jacents d'insuffisance ou d'indignité, entraînant des difficultés à établir de véritables liens avec les autres et favorisant un sentiment de solitude ou d'aliénation.

De plus, les adolescents ayant un attachement désorganisé peuvent être confrontés à un sentiment de soi fragmenté, à des conflits internes et à une confusion quant à leur valeur et à leur identité. Ils peuvent alterner entre des sentiments d'inutilité et de grandeur, conduisant à une estime de soi instable et à un manque de confiance en eux-mêmes et en leurs capacités..

Difficulté à nouer et à entretenir des relations

Les difficultés d'attachement peuvent présenter des défis importants dans la capacité des adolescents à nouer et à entretenir des relations saines avec les autres. Les adolescents souffrant d'attachement anxieux peuvent faire preuve d'attachement, de possessivité et de jalousie dans leurs relations, cherchant constamment à être rassurés et validés par leurs partenaires ou amis. Ce comportement peut être accablant pour les autres et conduire à des conflits ou à un rejet, renforçant ainsi leurs craintes d'abandon.

À l'inverse, les adolescents ayant un attachement évitant peuvent avoir du mal à établir des liens intimes avec les autres, privilégiant l'indépendance et l'autosuffisance plutôt que la proximité émotionnelle. Ils peuvent éviter l'engagement ou la vulnérabilité dans les relations, craignant que la dépendance à l'égard des autres ne compromette leur autonomie ou ne les expose à une blessure émotionnelle.

De plus, les adolescents ayant un attachement désorganisé peuvent éprouver des difficultés à établir la confiance et la sécurité dans leurs relations, oscillant entre des moments d'intense proximité et un retrait émotionnel. Leur comportement imprévisible et leurs problèmes d'attachement non résolus peuvent créer une instabilité et des conflits dans leurs interactions interpersonnelles, ce qui rend difficile pour eux le maintien de relations saines et épanouissantes.

De plus, les difficultés d'attachement peuvent avoir un impact sur la capacité des adolescents à communiquer efficacement et à faire preuve d'empathie avec les autres, compliquant encore davantage leurs relations. Ils peuvent avoir du mal à exprimer leurs besoins et leurs émotions de manière authentique ou mal interpréter les intentions des autres, conduisant à des malentendus et à des conflits.

Dans l'ensemble, les difficultés d'attachement peuvent entraver la capacité des adolescents à nouer des relations sûres et solidaires, contribuant ainsi aux sentiments de solitude, d'isolement et de détresse émotionnelle.

Impact sur les performances académiques et le fonctionnement social

Les difficultés d'attachement peuvent également avoir des conséquences importantes sur les résultats scolaires et le fonctionnement social des adolescents. Les adolescents qui ont du mal à réguler leurs émotions ou à maintenir des relations stables peuvent avoir du mal à se concentrer et à s'engager à l'école, ce qui conduit à des résultats scolaires décevants et à un désengagement.

Les adolescents souffrant d'attachement anxieux peuvent connaître des niveaux accrus de stress et d'anxiété, ce qui rend difficile leur concentration et leur réussite scolaire. Ils peuvent donner la priorité à la validation et à l'approbation de leurs pairs plutôt qu'à leurs responsabilités académiques, ce qui peut avoir un impact négatif sur leurs notes et leur réussite scolaire globale.

De même, les adolescents ayant un attachement évitant peuvent adopter une attitude passive ou indifférente envers l'école, considérant la réussite scolaire comme moins importante que le maintien de leur indépendance émotionnelle. Ils peuvent éviter de chercher de l'aide ou du soutien auprès d'enseignants ou de pairs, craignant d'être jugés ou rejetés, et peuvent se retirer des activités sociales ou extrascolaires qui nécessitent un engagement interpersonnel.

De plus, les difficultés d'attachement peuvent avoir un impact sur le fonctionnement social des adolescents et sur leurs relations avec leurs pairs. Les adolescents qui ont du mal à nouer des liens sécurisants peuvent avoir des difficultés à naviguer dans les situations sociales, à se faire des amis et à établir un sentiment d'appartenance au sein de leurs groupes de pairs. Ils peuvent éprouver des sentiments d'aliénation ou d'exclusion, exacerbant encore davantage leurs luttes d'attachement et contribuant au retrait social ou à l'isolement.

Chapitre 5

Soutenir les adolescents en difficulté d'attachement

Soutenir les adolescents aux prises avec des difficultés d'attachement est vital pour leur bien-être émotionnel et l'entretien de relations saines.

Construire des relations d'attachement sécurisées

Construire des relations d'attachement sécurisées avec des adolescents nécessite une approche multiforme qui donne la priorité à la confiance, à la sécurité émotionnelle, à la communication ouverte et à l'autonomie. Les soignants, les éducateurs et les professionnels de la santé mentale jouent un rôle central dans la promotion de ces attachements sécurisés.

Un aspect clé de la création d'attachements sécurisés est de fournir des soins cohérents et sensibles. Les adolescents ont besoin de sentir que leurs soignants et autres personnalités importantes sont fiables et attentifs à leurs besoins. En répondant systématiquement à leurs besoins émotionnels et physiques, les soignants jettent les bases d'un lien d'attachement sécurisé.

De plus, créer une sécurité émotionnelle au sein de la relation est crucial. Les adolescents doivent se sentir à l'aise pour exprimer leurs pensées, leurs sentiments et leurs préoccupations sans craindre d'être jugés ou rejetés. Les soignants et les mentors peuvent y parvenir en écoutant activement, en validant leurs expériences et en offrant soutien et conseils si nécessaire.

Encourager une communication ouverte est également essentiel pour créer des attachements sécurisés. Les adolescents ont besoin de sentir qu'ils peuvent s'exprimer librement et être entendus. Les soignants peuvent faciliter cela en créant un environnement dans lequel les adolescents se sentent en sécurité pour partager leurs pensées et leurs émotions, sans critique ni rejet.

De plus, promouvoir l'autonomie et l'indépendance dans le contexte d'une relation d'attachement sécurisée est essentiel. Les adolescents devraient être encouragés à explorer leurs intérêts, à développer leurs compétences et à affirmer leurs limites tout en se sentant soutenus et respectés par leurs soignants et d'autres personnalités importantes dans leur vie.

Approches thérapeutiques pour les adolescents anxieux et évitants

Des interventions thérapeutiques adaptées aux besoins spécifiques des adolescents anxieux et évitants peuvent contribuer à les aider à surmonter leurs difficultés d'attachement et à développer des relations plus sécurisées.

Pour les adolescents souffrant d'attachement anxieux, les interventions se concentrent souvent sur la réduction de l'anxiété, le renforcement de l'estime de soi et l'amélioration des capacités d'adaptation. Les techniques de thérapie cognitivo-comportementale (TCC), telles que la restructuration cognitive et la thérapie d'exposition, peuvent aider les adolescents anxieux à remettre en question leurs schémas de pensée négatifs et à développer des stratégies d'adaptation plus adaptatives pour gérer leurs peurs et leurs inquiétudes.

Les interventions basées sur la pleine conscience peuvent également être efficaces pour les adolescents anxieux, en les aidant à prendre conscience de leurs pensées et de leurs émotions sans jugement et à apprendre à réagir aux facteurs de stress de manière plus équilibrée et plus consciente. Des techniques telles que la respiration profonde, la méditation et la relaxation musculaire progressive peuvent aider à réduire l'anxiété et à favoriser la régulation émotionnelle.

Pour les adolescents présentant un attachement évitant, les approches thérapeutiques axées sur la promotion de l'expression émotionnelle, l'établissement de la confiance et le développement d'attachements sécurisants peuvent être plus appropriées. La thérapie psychodynamique, la thérapie basée sur l'attachement et les thérapies expérientielles telles que l'art-thérapie ou la thérapie par le jeu peuvent aider les adolescents évitants à explorer leurs émotions, à mieux comprendre leurs modèles d'attachement et à apprendre à faire confiance et à se connecter avec les autres dans un environnement sûr et favorable.

La thérapie de groupe ou les groupes de soutien peuvent également être bénéfiques pour les adolescents anxieux et évitants, en offrant des opportunités de soutien par les pairs, de validation et d'apprentissage auprès d'autres personnes confrontées à des défis similaires. Les groupes peuvent aider les adolescents à se sentir moins seuls dans leurs difficultés et leur procurer un sentiment d'appartenance et de connexion avec d'autres personnes qui comprennent leurs expériences.

Stratégies pour les parents, les enseignants et les soignants

Les parents, les enseignants et les tuteurs jouent un rôle crucial en soutenant les adolescents confrontés à des difficultés d'attachement. Il existe plusieurs stratégies qu'ils peuvent utiliser pour créer un environnement stimulant et favorable qui favorise des relations d'attachement saines :

Favoriser une base sécurisée : les parents et les tuteurs peuvent servir de base sécurisée à partir de laquelle les adolescents peuvent explorer le monde et développer leur indépendance. En fournissant un soutien, des conseils et des encouragements constants, ils peuvent aider les adolescents à se sentir en sécurité dans leurs relations.

- [ ] **Validez les émotions :** Il est essentiel que les parents, les enseignants et les tuteurs valident les émotions des adolescents et leur fassent savoir qu'il est normal de ressentir ce qu'ils ressentent. En reconnaissant et en acceptant leurs émotions, les adultes peuvent aider les adolescents à se sentir compris et soutenus, ce qui est essentiel pour nouer des liens sécurisés.

☐ **Fixez des limites claires :** Fixer des limites claires et cohérentes aide les adolescents à se sentir en sécurité dans leurs relations. Les limites fournissent une structure et une prévisibilité, qui sont essentielles pour instaurer la confiance et favoriser des relations d'attachement saines.

☐ **Favoriser l'autonomie :** S'il est important de fournir un soutien et des conseils, les parents, les enseignants et les tuteurs doivent également encourager les adolescents à développer leur indépendance et à faire leurs propres choix. Permettre aux adolescents d'assumer des responsabilités adaptées à leur âge et de prendre des décisions les responsabilise et renforce leur estime de soi.

☐ **Pratiquez l'écoute active :** Les adultes doivent pratiquer une écoute active lorsqu'ils communiquent avec des adolescents, en leur accordant toute leur attention et en validant leurs expériences. En écoutant sans jugement et en faisant preuve d'empathie, les adultes peuvent aider les adolescents à se sentir valorisés et compris, ce qui est essentiel pour nouer des attachements sécurisants.

☐ **Recherchez de l'aide en cas de besoin :** Si les adolescents sont aux prises avec des problèmes d'attachement, il est essentiel que les parents, les enseignants et les tuteurs recherchent le soutien de professionnels de la santé mentale ou de groupes de soutien. L'orientation professionnelle peut fournir des informations et des stratégies précieuses pour soutenir les adolescents et favoriser des relations d'attachement saines.

Créer un environnement favorable pour les adolescents

Créer un environnement favorable pour les adolescents implique de favoriser une culture d'empathie, de compréhension et d'acceptation au sein des familles, des écoles et des communautés.

Dans les écoles, les éducateurs peuvent mettre en œuvre des programmes et des initiatives qui favorisent l'apprentissage socio-émotionnel et la sensibilisation à la santé mentale. Fournir un accès à des services de conseil, à des programmes de soutien par les pairs et à une éducation sur l'attachement et les relations saines peut doter les adolescents des compétences et des ressources dont ils ont besoin pour gérer efficacement leurs émotions et leurs relations.

Les communautés peuvent également jouer un rôle dans la création d'environnements favorables aux adolescents en leur donnant accès à des activités récréatives, à des groupes de soutien et à des ressources communautaires. En favorisant un sentiment d'appartenance et de connexion, les communautés peuvent aider les adolescents à se sentir soutenus et valorisés, réduisant ainsi les sentiments d'isolement et de solitude.

De plus, créer un environnement familial favorable est essentiel au bien-être des adolescents. Les familles peuvent donner la priorité à une communication ouverte, passer du temps de qualité ensemble et favoriser un sentiment d'appartenance et d'acceptation. En créant un environnement familial sûr et stimulant, les parents et les tuteurs peuvent offrir aux adolescents la stabilité et le soutien dont ils ont besoin pour s'épanouir.

Chapitre 6

Promouvoir un rétablissement durable et des relations plus saines

FSe concentrer sur le développement de l'intelligence émotionnelle et de la résilience, renforcer la confiance et les compétences de communication, guérir des traumatismes passés et cultiver des relations positives sont des systèmes puissants qui permettent aux adolescents de surmonter leurs problèmes d'attachement et de favoriser une vie plus saine et plus épanouissante.

Développer l'intelligence émotionnelle et la résilience

Développer l'intelligence émotionnelle et la résilience est essentiel pour les adolescents qui ont vécu des difficultés d'attachement. L'intelligence émotionnelle fait référence à la capacité de reconnaître, de comprendre et de gérer efficacement ses émotions, tandis que la résilience est la capacité de rebondir face à l'adversité et de relever les défis de la vie avec force et adaptabilité.

La conscience de soi et l'autoréflexion sont une façon de promouvoir l'intelligence émotionnelle et la résilience. Les adolescents peuvent bénéficier d'apprendre à identifier et à étiqueter leurs émotions, à comprendre les déclencheurs qui suscitent certaines réponses émotionnelles et à reconnaître comment leurs pensées et leurs comportements influencent leurs sentiments. En développant une plus grande conscience de leurs émotions, les adolescents peuvent apprendre à les réguler plus efficacement et à faire des choix plus sains dans leurs relations et dans leur vie quotidienne.

De plus, enseigner aux adolescents des compétences d'adaptation et des techniques de gestion du stress peut les aider à renforcer leur résilience et à gérer plus efficacement les situations difficiles. Des techniques telles que la respiration profonde, la méditation de pleine conscience et la relaxation musculaire progressive peuvent aider les adolescents à calmer leur esprit et leur corps en période de stress, leur permettant ainsi d'aborder les défis avec une perspective plus claire et une plus grande stabilité émotionnelle.

En outre, la promotion d'un état d'esprit de croissance peut favoriser la résilience en encourageant les adolescents à considérer les revers et les échecs comme des opportunités d'apprentissage et de croissance plutôt que comme des obstacles insurmontables. En apprenant aux adolescents à recadrer les expériences négatives sous un jour positif et à se concentrer sur leurs forces et leurs capacités, nous pouvons les aider à développer la résilience nécessaire pour surmonter l'adversité et prospérer face aux défis.

En conclusion, développer l'intelligence émotionnelle et la résilience est essentiel pour que les adolescents se rétablissent durablement des difficultés d'attachement. En cultivant la conscience de soi, en enseignant des compétences d'adaptation et en promouvant un état d'esprit de croissance, nous pouvons permettre aux adolescents de traverser les hauts et les bas de la vie avec confiance et résilience.

Bâtir la confiance et les compétences en communication

Construire la confiance et les compétences en communication est crucial pour que les adolescents puissent nouer et entretenir des relations saines. La confiance est le fondement de toutes les relations significatives, tandis qu'une communication efficace est essentielle pour exprimer ses pensées, ses sentiments et ses besoins et résoudre les conflits de manière constructive.

Une façon d'instaurer la confiance consiste à être cohérent et fiable dans nos actions et nos paroles. Les adolescents ont besoin de sentir qu'ils peuvent compter sur les autres pour tenir leurs engagements, tenir leurs promesses et être là pour eux en cas de besoin. En faisant preuve de fiabilité et de cohérence, nous pouvons instaurer la confiance et renforcer nos relations avec les adolescents.

Une communication ouverte et honnête est également essentielle pour instaurer la confiance et favoriser des relations saines. Les adolescents doivent se sentir à l'aise pour s'exprimer et partager leurs pensées, leurs sentiments et leurs préoccupations sans craindre d'être jugés ou rejetés. Les adultes peuvent faciliter cela en créant un environnement favorable et sans jugement, dans lequel les adolescents se sentent entendus et compris.

L'écoute active est un élément crucial d'une communication efficace. Les adultes doivent s'efforcer d'écouter attentivement les adolescents, de leur accorder toute leur attention et de valider leurs expériences. En écoutant avec empathie et compréhension, les adultes peuvent favoriser la confiance et démontrer qu'ils apprécient et respectent le point de vue des adolescents.

De plus, enseigner aux adolescents des compétences d'affirmation de soi peut les aider à communiquer efficacement leurs besoins et leurs limites dans leurs relations. L'affirmation de soi implique de s'exprimer de manière claire, directe et respectueuse tout en respectant les droits et les limites des autres. En apprenant aux adolescents à s'affirmer avec assurance, nous pouvons leur donner les moyens de se défendre et de gérer leurs relations avec confiance et intégrité.

En conclusion, développer la confiance et les compétences en communication est essentiel pour favoriser un rétablissement durable et des relations plus saines chez les adolescents qui ont connu des difficultés d'attachement. En favorisant la confiance, en promouvant une communication ouverte et honnête et en enseignant des compétences d'affirmation de soi, nous pouvons permettre aux adolescents de construire des relations solides et solidaires basées sur le respect et la compréhension mutuels.

Guérison d'un traumatisme passé

La guérison d'un traumatisme passé est un aspect essentiel de la promotion d'un rétablissement durable et de relations plus saines pour les adolescents qui ont connu des difficultés d'attachement. Les expériences traumatisantes, telles que la maltraitance, la négligence ou la perte, peuvent avoir des effets profonds sur le bien-être mental et émotionnel des adolescents, affectant leur capacité à faire confiance aux autres, à réguler leurs émotions et à nouer des relations saines.

Une approche pour guérir d'un traumatisme passé consiste à recourir à une thérapie tenant compte des traumatismes. La thérapie tenant compte des traumatismes se concentre sur la création d'un environnement sûr et favorable dans lequel les adolescents peuvent explorer leurs expériences, traiter leurs émotions et développer des capacités d'adaptation pour gérer efficacement leurs symptômes de traumatisme. Les techniques thérapeutiques telles que la thérapie cognitivo-comportementale (TCC), la désensibilisation et le retraitement des mouvements oculaires (EMDR) et l'expérience somatique peuvent être particulièrement bénéfiques pour les adolescents ayant subi un traumatisme.

En plus de la thérapie, le soutien d'adultes attentionnés et de pairs peut jouer un rôle déterminant dans le processus de guérison. Les adolescents qui ont subi un traumatisme bénéficient de relations de soutien avec des adultes qui peuvent leur apporter validation, empathie et conseils tout au long de leur parcours de guérison. Les groupes de soutien par les pairs peuvent également procurer aux adolescents un sentiment d'appartenance et de compréhension lorsqu'ils se connectent avec d'autres personnes qui ont vécu des expériences similaires.

Les pratiques de soins personnels peuvent également aider les adolescents à guérir des traumatismes passés. S'engager dans des activités telles que l'exercice, la méditation de pleine conscience, l'expression créative et passer du temps dans la nature peut aider les adolescents à gérer le stress, à réguler leurs émotions et à cultiver un sentiment de bien-être et de résilience.

En conclusion, la guérison des traumatismes passés est essentielle pour favoriser un rétablissement durable et des relations plus saines pour les adolescents qui ont connu des difficultés d'attachement. Grâce à une thérapie tenant compte des traumatismes, au soutien d'adultes et de pairs attentionnés et à des pratiques de soins personnels, les adolescents peuvent guérir de leur traumatisme et se construire un avenir meilleur.

Cultiver des relations positives

Cultiver des relations positives est vital pour le bien-être général des adolescents et pour leur rétablissement des difficultés d'attachement. Des relations saines apportent aux adolescents soutien, validation et sentiment d'appartenance, les aidant à se sentir valorisés et compris.

Une façon de cultiver des relations positives consiste à favoriser un sentiment de connexion et d'appartenance au sein des familles, des écoles et des communautés. Les familles peuvent donner la priorité au temps de qualité passé ensemble, engager des conversations significatives et créer des traditions et des rituels qui renforcent les liens et favorisent un sentiment d'unité. Les écoles peuvent mettre en œuvre des programmes et des initiatives qui favorisent l'inclusion, l'empathie et des relations positives avec leurs pairs, créant ainsi un environnement favorable dans lequel les adolescents se sentent acceptés et valorisés.

De plus, enseigner aux adolescents des compétences relationnelles saines peut les aider à nouer et à entretenir des liens positifs avec les autres. Des compétences telles que l'écoute active, l'empathie, la résolution de conflits et l'établissement de limites sont essentielles pour naviguer efficacement dans les relations et résoudre les conflits de manière constructive. En enseignant ces compétences, nous pouvons permettre aux adolescents de construire des relations solides et solidaires basées sur le respect et la compréhension mutuels.

De plus, encourager les adolescents à s'entourer d'influences positives et d'amis qui les soutiennent peut améliorer leur bien-être et leur rétablissement. Les relations positives avec leurs pairs offrent aux adolescents un soutien social, une validation et un sentiment d'appartenance, ce qui peut aider à contrecarrer les effets négatifs des luttes d'attachement et à promouvoir la résilience.

Chapitre 7

Améliorer le bien-être mental des adolescents

Améliorer le bien-être mental est crucial pour les adolescents, en particulier ceux qui ont connu des difficultés d'attachement.

Stratégies de soins personnels pour les adolescents

Prendre soin de soi est essentiel au maintien d'une bonne santé mentale et d'un bon bien-être, en particulier pour les adolescents qui peuvent être confrontés à des facteurs de stress et à des défis particuliers. Encourager les adolescents à donner la priorité aux soins personnels peut les aider à gérer le stress, à renforcer leur résilience et à améliorer leur qualité de vie globale.

Une stratégie de soins personnels pour les adolescents consiste à donner la priorité au sommeil et à établir une routine de sommeil cohérente. Les adolescents ont besoin de suffisamment de sommeil pour maintenir leur santé physique et mentale. Il est donc essentiel qu'ils dorment entre 8 et 10 heures par nuit. Établir une heure de coucher et de réveil régulière, créer une routine de coucher relaxante et éviter les écrans avant de se coucher peut contribuer à favoriser une meilleure qualité de sommeil.

Pratiquer une activité physique régulière est une autre stratégie importante de soins personnels pour les adolescents. Il a été démontré que l'exercice réduit le stress, améliore l'humeur et améliore le bien-être général. Encourager les adolescents à trouver des activités physiques qu'ils aiment, qu'il s'agisse de faire du sport, de courir ou de pratiquer le yoga, peut les aider à rester actifs et à améliorer leur santé mentale.

La pratique de techniques de pleine conscience et de relaxation peut également être bénéfique pour le bien-être mental des adolescents. Les activités de pleine conscience telles que la respiration profonde, la méditation et la relaxation musculaire progressive peuvent aider les adolescents à réduire leur stress, à accroître leur conscience de soi et à améliorer leur capacité à faire face aux émotions difficiles. Encourager les adolescents à intégrer ces pratiques dans leur routine quotidienne peut favoriser une meilleure santé mentale.

De plus, favoriser des habitudes alimentaires et une nutrition saines est essentiel au bien-être général des adolescents. Les encourager à avoir une alimentation équilibrée, riche en fruits, légumes, grains entiers et protéines maigres peut favoriser leur santé physique et mentale. Limiter les collations et les boissons sucrées, les boissons contenant de la caféine et les aliments transformés peut également aider à réguler l'humeur et les niveaux d'énergie.

De plus, encourager les adolescents à participer à des activités qu'ils aiment et qu'ils trouvent épanouissantes peut contribuer à leur bien-être mental. Qu'il s'agisse de poursuivre des passe-temps, de passer du temps avec ses amis et sa famille ou de s'engager dans des activités créatives, offrir aux adolescents la possibilité de participer à des activités qui leur apportent joie et épanouissement peut contribuer à améliorer leur humeur et à réduire leur stress.

Recherche d'aide professionnelle et de thérapie

Demander de l'aide professionnelle et une thérapie est une étape importante pour les adolescents qui peuvent avoir des problèmes de santé mentale, y compris ceux qui ont connu des difficultés d'attachement. Les thérapeutes et conseillers professionnels peuvent fournir un soutien, des conseils et des interventions fondées sur des preuves pour aider les adolescents à surmonter leurs difficultés et à améliorer leur bien-être mental.

Un type de thérapie couramment utilisé pour traiter divers problèmes de santé mentale chez les adolescents est la thérapie cognitivo-comportementale (TCC). La TCC aide les adolescents à identifier et à combattre les schémas de pensée négatifs et à développer des capacités et des comportements d'adaptation plus sains. Cela peut être particulièrement bénéfique pour les adolescents souffrant d'anxiété, de dépression, de traumatismes et d'autres problèmes de santé mentale.

Une autre approche thérapeutique efficace pour les adolescents est la thérapie comportementale dialectique (TCD), qui se concentre sur l'enseignement aux adolescents de la pleine conscience, de la régulation des émotions, de la tolérance à la détresse et de l'efficacité interpersonnelle. La TCD peut aider les adolescents à apprendre à gérer leurs émotions intenses, à améliorer leurs relations et à faire face plus efficacement aux facteurs de stress.

Pour les adolescents aux prises avec des problèmes d'attachement et des traumatismes, des thérapies axées sur les traumatismes telles que la désensibilisation et le retraitement des mouvements oculaires (EMDR) et la thérapie cognitivo-comportementale axée sur les traumatismes (TF-CBT) peuvent être bénéfiques. Ces thérapies aident les adolescents à gérer les expériences traumatisantes, à réduire les symptômes du trouble de stress post-traumatique (SSPT) et à développer des stratégies d'adaptation plus saines.

En plus de la thérapie individuelle, la thérapie de groupe peut être utile pour les adolescents, en offrant des opportunités de soutien par les pairs, de validation et d'apprentissage auprès d'autres personnes confrontées à des défis similaires. Les contextes de thérapie de groupe permettent aux adolescents de partager leurs expériences, de mettre en pratique leurs compétences sociales et de recevoir des commentaires et du soutien de leurs pairs sous la direction d'un thérapeute qualifié.

Il est important que les parents et les tuteurs soutiennent et encouragent les adolescents à demander l'aide d'un professionnel en cas de besoin. Si un adolescent hésite à suivre une thérapie, les parents peuvent le rassurer, normaliser l'expérience de recherche d'aide et souligner les avantages de la thérapie pour améliorer le bien-être mental et la qualité de vie globale.

Traiter les problèmes de santé mentale concomitants

Les adolescents qui ont connu des difficultés d'attachement peuvent courir un risque accru de problèmes de santé mentale concomitants tels que l'anxiété, la dépression, la toxicomanie et les troubles de l'alimentation.

Il est essentiel de remédier à ces conditions concomitantes pour promouvoir un rétablissement durable et améliorer le bien-être général.

Pour les adolescents souffrant d'anxiété, des techniques thérapeutiques telles que la thérapie d'exposition, la restructuration cognitive et les techniques de relaxation peuvent être efficaces pour réduire les symptômes et améliorer les capacités d'adaptation. Des médicaments peuvent également être prescrits dans certains cas pour aider à gérer les symptômes d'anxiété sévères.

De même, les adolescents souffrant de dépression peuvent bénéficier d'approches thérapeutiques telles que la TCC, la thérapie interpersonnelle (IPT) et l'activation comportementale. Ces thérapies peuvent aider les adolescents à identifier et à combattre les schémas de pensée négatifs, à améliorer leur humeur et à développer des stratégies d'adaptation plus saines. Des médicaments peuvent également être prescrits pour aider à soulager les symptômes de la dépression.

La toxicomanie est un autre problème courant chez les adolescents ayant des difficultés d'attachement, et elle coexiste souvent avec d'autres problèmes de santé mentale. Le traitement de la toxicomanie peut impliquer une combinaison de thérapie, de groupes de soutien et de traitement médicamenteux (MAT) pour certaines substances. Il est important de s'attaquer rapidement aux problèmes de toxicomanie afin de prévenir d'autres préjudices et d'améliorer le bien-être général.

De plus, les troubles de l'alimentation tels que l'anorexie mentale, la boulimie mentale et l'hyperphagie boulimique coexistent fréquemment avec des luttes d'attachement et d'autres problèmes de santé mentale chez les adolescents. Le traitement des troubles de l'alimentation implique généralement une approche multidisciplinaire comprenant une thérapie, des conseils nutritionnels, un suivi médical et des groupes de soutien.

Il est essentiel que les parents, les soignants et les professionnels de la santé mentale soient vigilants aux signes de problèmes de santé mentale concomitants chez les adolescents et qu'ils y répondent rapidement et de manière globale. En traitant à la fois les problèmes d'attachement sous-jacents et tout problème de santé mentale concomitant, nous pouvons aider les adolescents à se rétablir durablement et à améliorer leur bien-être général.

Trouver le soutien de la communauté et des pairs

Trouver le soutien de la communauté et des pairs est un aspect essentiel de l'amélioration du bien-être mental des adolescents qui ont connu des difficultés d'attachement. Se connecter avec d'autres personnes qui ont vécu des expériences similaires peut apporter une validation, une compréhension et un sentiment d'appartenance, qui sont cruciaux pour le rétablissement et la guérison.

Les groupes de soutien sont une façon pour les adolescents de trouver le soutien de la communauté et de leurs pairs. Il existe des groupes de soutien disponibles pour un large éventail de problèmes, notamment les luttes d'attachement, l'anxiété, la dépression, les traumatismes, etc. Ces groupes offrent aux adolescents un espace sûr où ils peuvent partager leurs expériences, recevoir le soutien et les encouragements des autres et apprendre des stratégies d'adaptation auprès de leurs pairs qui ont traversé des défis similaires.

Les communautés et forums en ligne peuvent également être de précieuses sources de soutien pour les adolescents, en particulier ceux qui n'ont pas accès à des groupes de soutien en personne dans leur région. Les communautés en ligne offrent aux adolescents la possibilité de se connecter avec d'autres personnes du monde entier, de partager des ressources et des informations et de recevoir du soutien et des encouragements.de leurs pairs. Cependant, il est important que les adolescents fassent preuve de prudence lorsqu'ils participent à des communautés en ligne et s'assurent qu'ils s'engagent sur des plateformes réputées et solidaires.

Les programmes de mentorat par les pairs constituent une autre ressource précieuse pour les adolescents qui recherchent du soutien et des conseils. Ces programmes associent des adolescents à des pairs plus âgés qui ont surmonté des défis similaires et peuvent offrir du mentorat, des encouragements et des conseils pratiques. Les pairs mentors peuvent servir de modèles positifs et fournir des informations précieuses pour surmonter les défis de l'adolescence.

De plus, la participation à des activités parascolaires et à des organismes communautaires peut aider les adolescents à établir des liens sociaux et à trouver un sentiment d'appartenance. Qu'il s'agisse de rejoindre une équipe sportive, de faire du bénévolat pour une cause qui leur tient à cœur ou de participer à un club ou à un groupe de loisirs, la participation à des activités en dehors de l'école peut offrir aux adolescents l'occasion de rencontrer de nouvelles personnes et de développer des amitiés basées sur des intérêts communs.

Pour les adolescents qui ont connu des difficultés d'attachement, il est particulièrement important de trouver des relations de soutien au sein de leur famille et de leurs pairs. Les parents et les tuteurs peuvent jouer un rôle crucial dans le soutien du bien-être mental de leurs adolescents en leur offrant un environnement familial sûr et stimulant, en favorisant une communication ouverte et en leur offrant un amour et une acceptation inconditionnels.

De même, les amis et les pairs peuvent apporter un soutien et une compagnie précieux aux adolescents confrontés à des problèmes d'attachement. Encourager les adolescents à entretenir des amitiés positives avec des pairs solidaires, empathiques et compréhensifs peut les aider à se sentir moins isolés et plus connectés aux autres.

Conclusion

Dans le cheminement visant à aborder les luttes d'attachement chez les adolescents, il est crucial de conclure par un message d'encouragement et d'espoir pour les adolescents eux-mêmes et pour ceux qui les soutiennent. Malgré les défis auxquels ils peuvent être confrontés, il y a des raisons de croire en la possibilité de guérison, de croissance et de résilience. De plus, il est essentiel de fournir des ressources pour un soutien et des informations supplémentaires afin de garantir que les individus ont accès à l'aide dont ils ont besoin au-delà des pages de ce livre.

Pour les adolescents aux prises avec des difficultés d'attachement, il est important de souligner qu'ils ne sont pas seuls dans leur cheminement. Même si cela peut parfois sembler accablant, il existe un espoir de guérison et de croissance. Encourager les adolescents à reconnaître leurs forces, leur résilience et leur capacité de changement peut leur permettre de prendre des mesures pour améliorer leur bien-être mental et établir des relations plus saines.

Un message d'encouragement destiné aux adolescents consiste à leur rappeler que leurs expériences ne les définissent pas. Même si les luttes d'attachement ont pu façonner leur passé, elles ont le pouvoir de façonner leur avenir. En recherchant du soutien, en prenant soin d'eux-mêmes et en cultivant des relations positives, les adolescents peuvent surmonter leurs défis et se créer un avenir meilleur.

Il est également essentiel de valider les émotions et les expériences des adolescents, en leur faisant savoir qu'il est normal de ressentir ce qu'ils ressentent et qu'ils méritent de l'amour et du soutien. Les encourager à exprimer leurs sentiments, à demander de l'aide en cas de besoin et à faire de petits pas vers la guérison peut leur inculquer un sentiment d'espoir et de résilience.

Pour les personnes qui soutiennent les adolescents, qu'il s'agisse de parents, de soignants, d'éducateurs ou de professionnels de la santé mentale, offrir encouragement et soutien est primordial. Reconnaître les progrès réalisés par les adolescents, aussi petits soient-ils, et célébrer leurs réalisations peuvent renforcer leur confiance et leur motivation à poursuivre leur chemin vers le rétablissement.

De plus, rappeler aux sympathisants que leurs efforts font une différence dans la vie des adolescents peut les encourager et les motiver à continuer de fournir le soutien et les conseils nécessaires. Construire un réseau de soutien solide autour des adolescents, comprenant la famille, les amis et les professionnels, peut garantir qu'ils disposent des ressources et des encouragements dont ils ont besoin pour s'épanouir.

P.Fournir des ressources pour un soutien et des informations supplémentaires garantit que les adolescents et leurs soutiens ont accès à l'aide dont ils ont besoin au-delà des pages de ce livre. Qu'il s'agisse de rechercher une thérapie, de se connecter à des communautés en ligne ou d'accéder à des groupes de soutien et à des programmes de mentorat par les pairs, il existe de nombreuses ressources disponibles pour aider les individus dans leur cheminement vers un meilleur bien-être mental et des relations plus saines.

UNAborder les luttes d'attachement chez les adolescents est un processus complexe et multiforme qui nécessite la compréhension, le soutien et la compassion de la part des adolescents eux-mêmes et de ceux qui les soutiennent. En reconnaissant l'impact de l'attachement sur le bien-être mental, en proposant des stratégies pour établir des relations saines et en offrant des encouragements et de l'espoir de rétablissement, nous pouvons permettre aux adolescents de surmonter leurs difficultés et de s'épanouir.

Il est important de se rappeler que la guérison est un voyage et que les progrès ne sont pas toujours linéaires. Cependant, avec de la patience, de la persévérance et du soutien, les adolescents peuvent développer la résilience et les compétences dont ils ont besoin pour surmonter leurs difficultés d'attachement et se construire un avenir meilleur.

En fournissant des ressources pour un soutien et des informations supplémentaires, nous pouvons garantir que les individus ont accès à l'aide dont ils ont besoin au-delà des pages de ce livre. Qu'il s'agisse de rechercher une thérapie, de se connecter à des groupes de soutien ou d'accéder à des ressources en ligne, il existe de nombreuses voies de soutien et d'assistance disponibles pour les adolescents et leurs soutiens.

En conclusion, lutter contre les difficultés d'attachement chez les adolescents nécessite un effort collectif de la part des parents, des soignants, des éducateurs, des professionnels de la santé mentale et de la communauté dans son ensemble. En travaillant ensemble et en leur apportant compréhension, soutien et ressources, nous pouvons aider les adolescents à surmonter leurs difficultés d'attachement et à construire une vie épanouissante caractérisée par des relations saines, de la résilience et du bien-être.